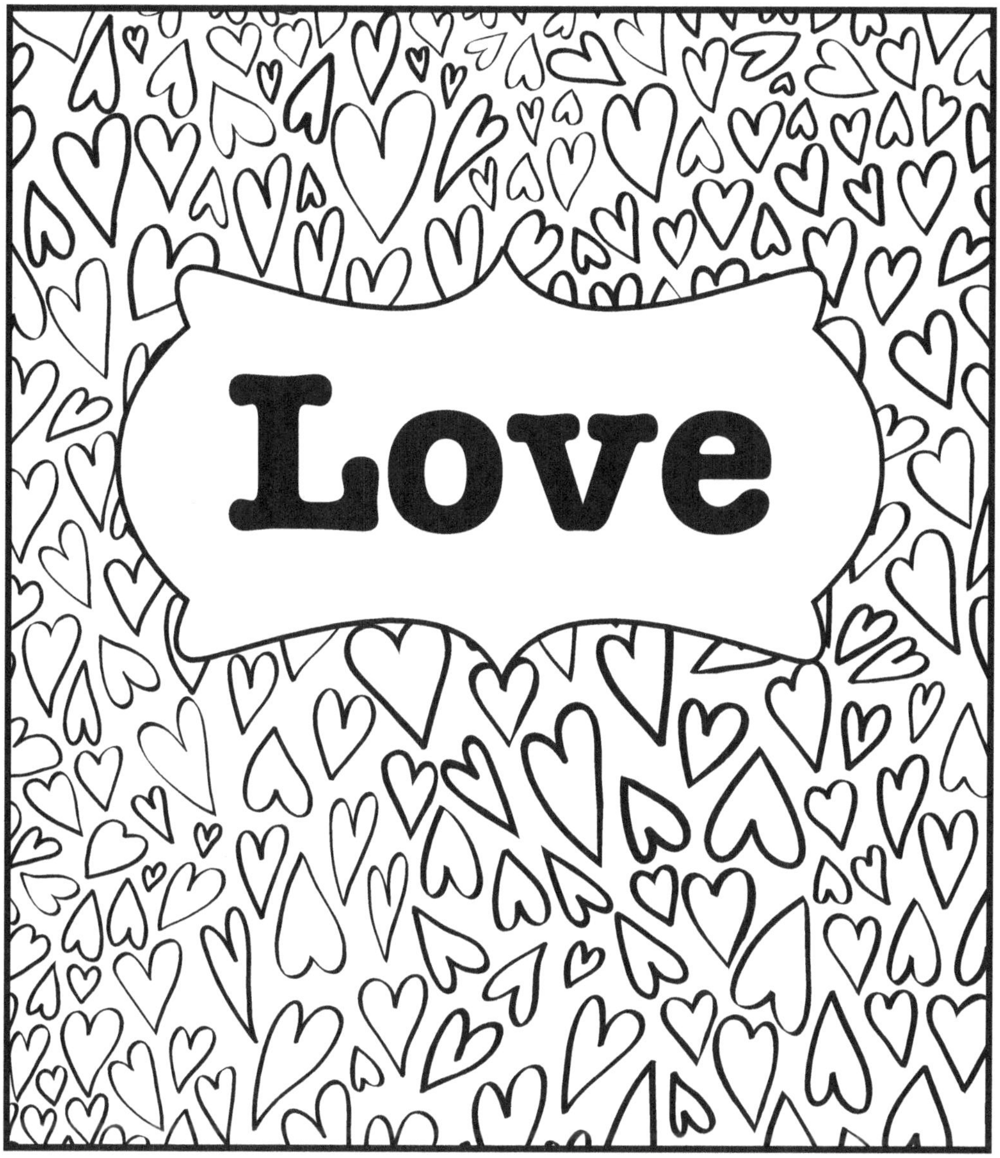

Completely **Calming** Colouring **Book 2**

First published in 2015 by Kyle Craig Publishing

Editor: Alison McNicol

Cover Design: Julie Anson

ISBN: 978-1-78595-073-5

A CIP record for this book is available from the British Library.

A Kyle Craig Publication

www.kyle-craig.com

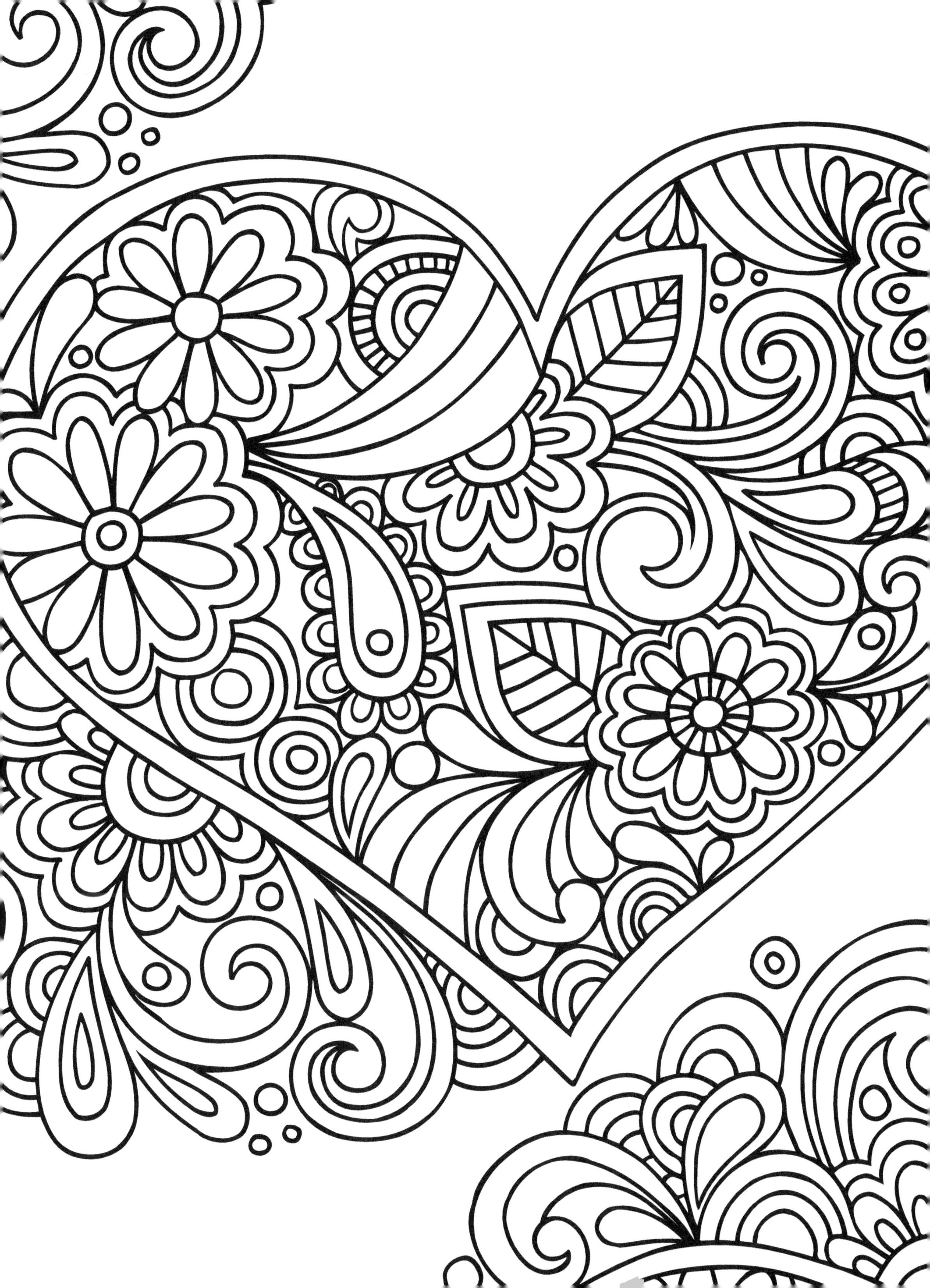

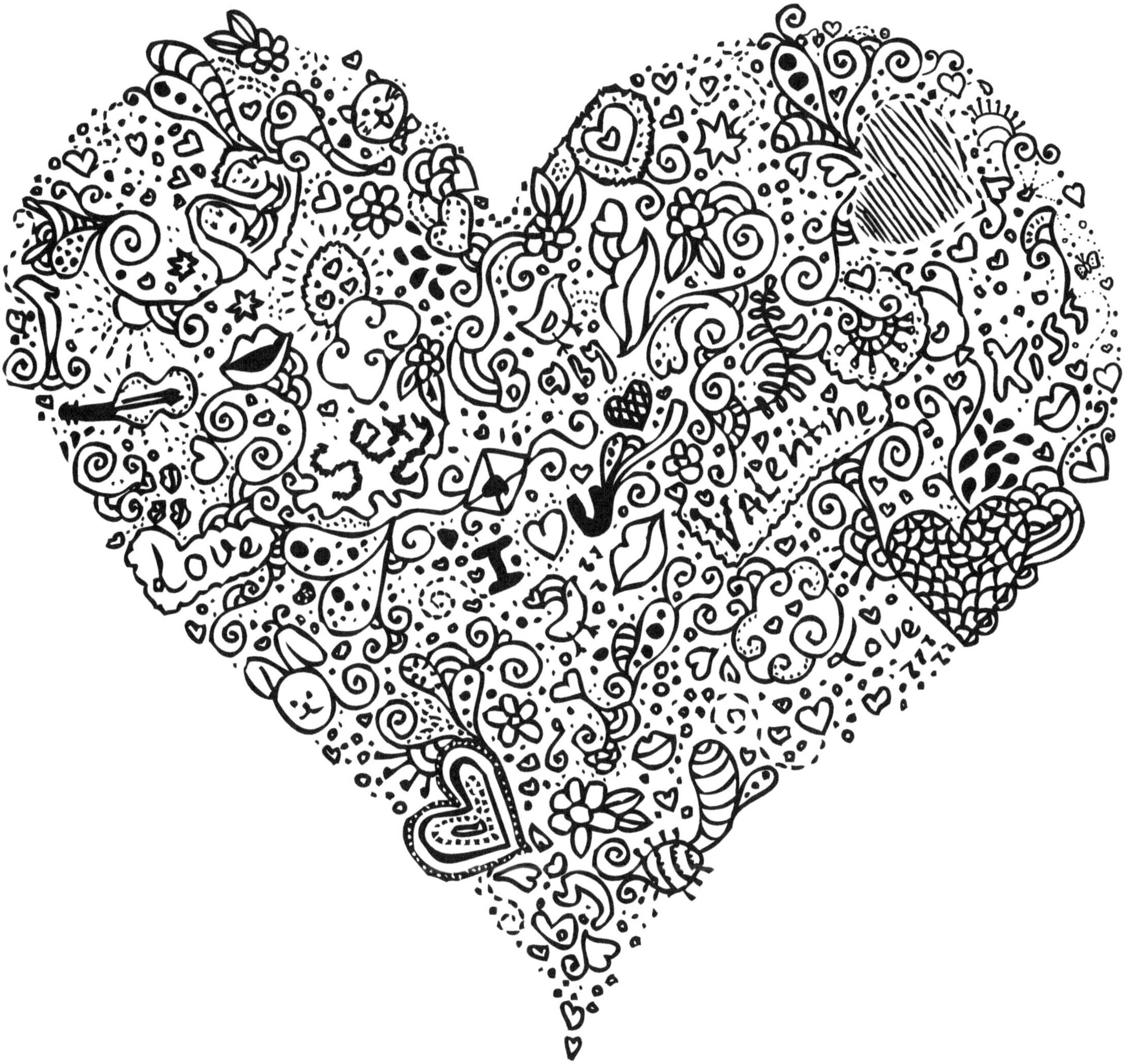
Love
Sexy
Baby
I
U
Valentine
Kiss
Love

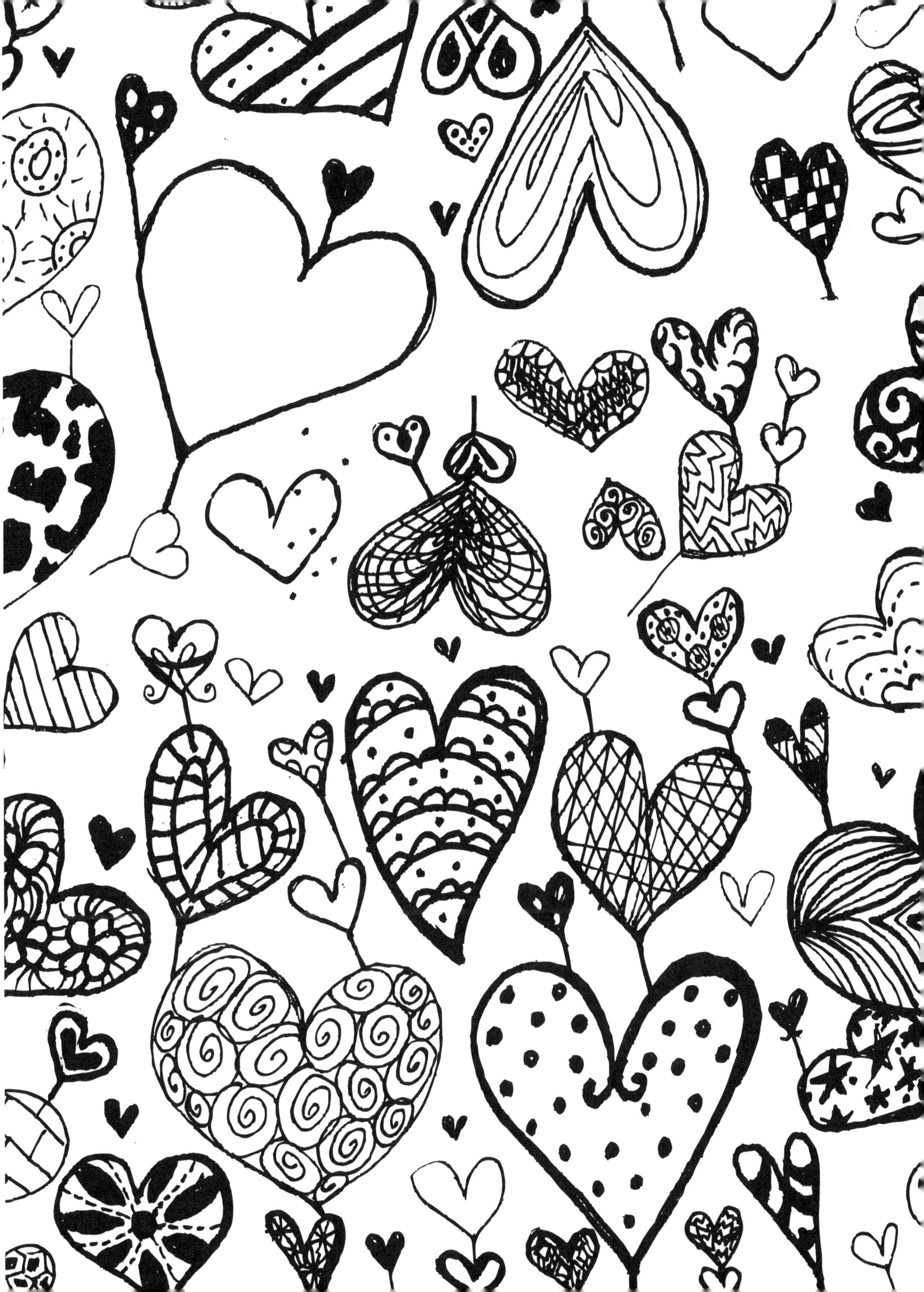

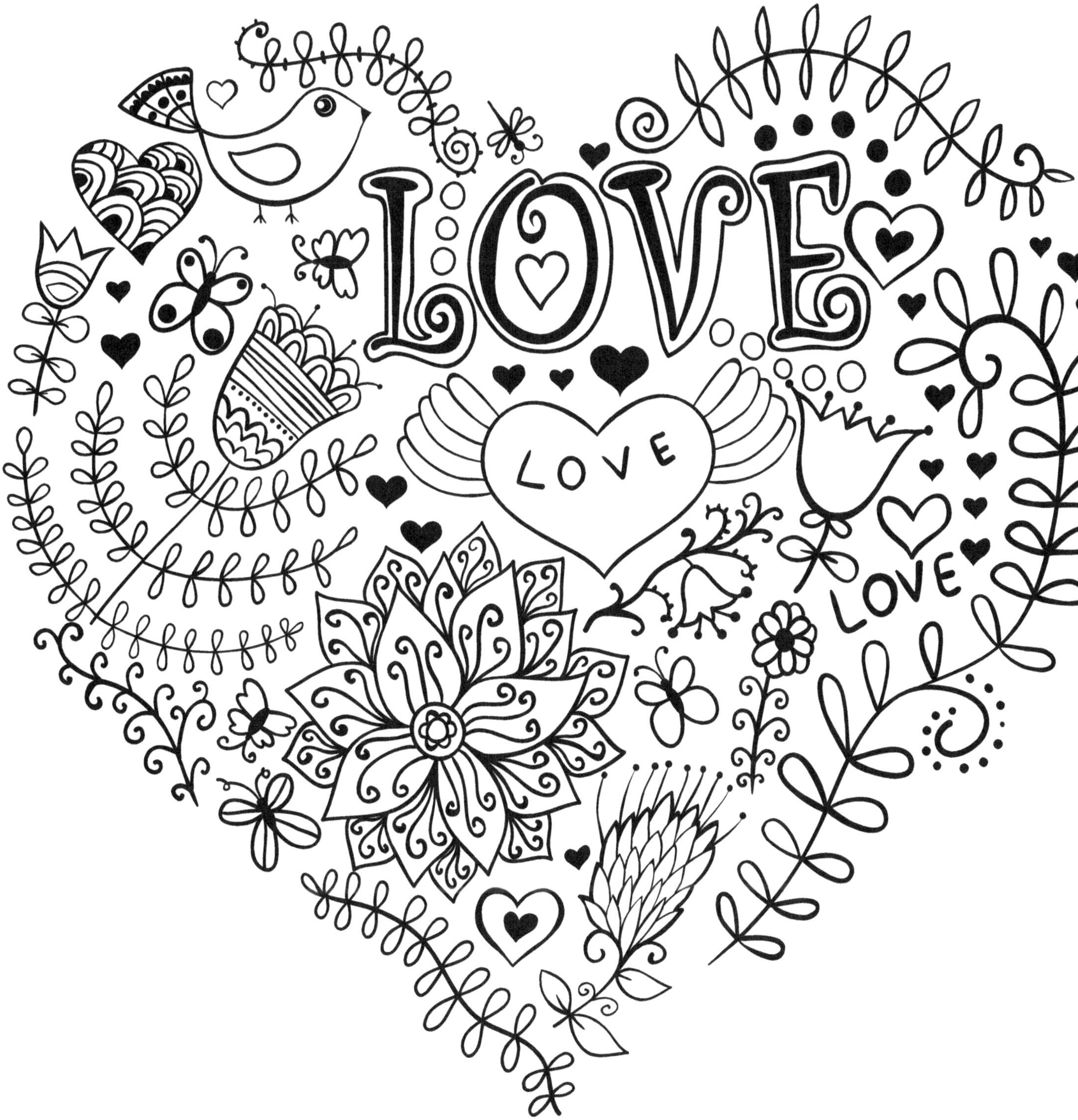
LOVE
LOVE
LOVE

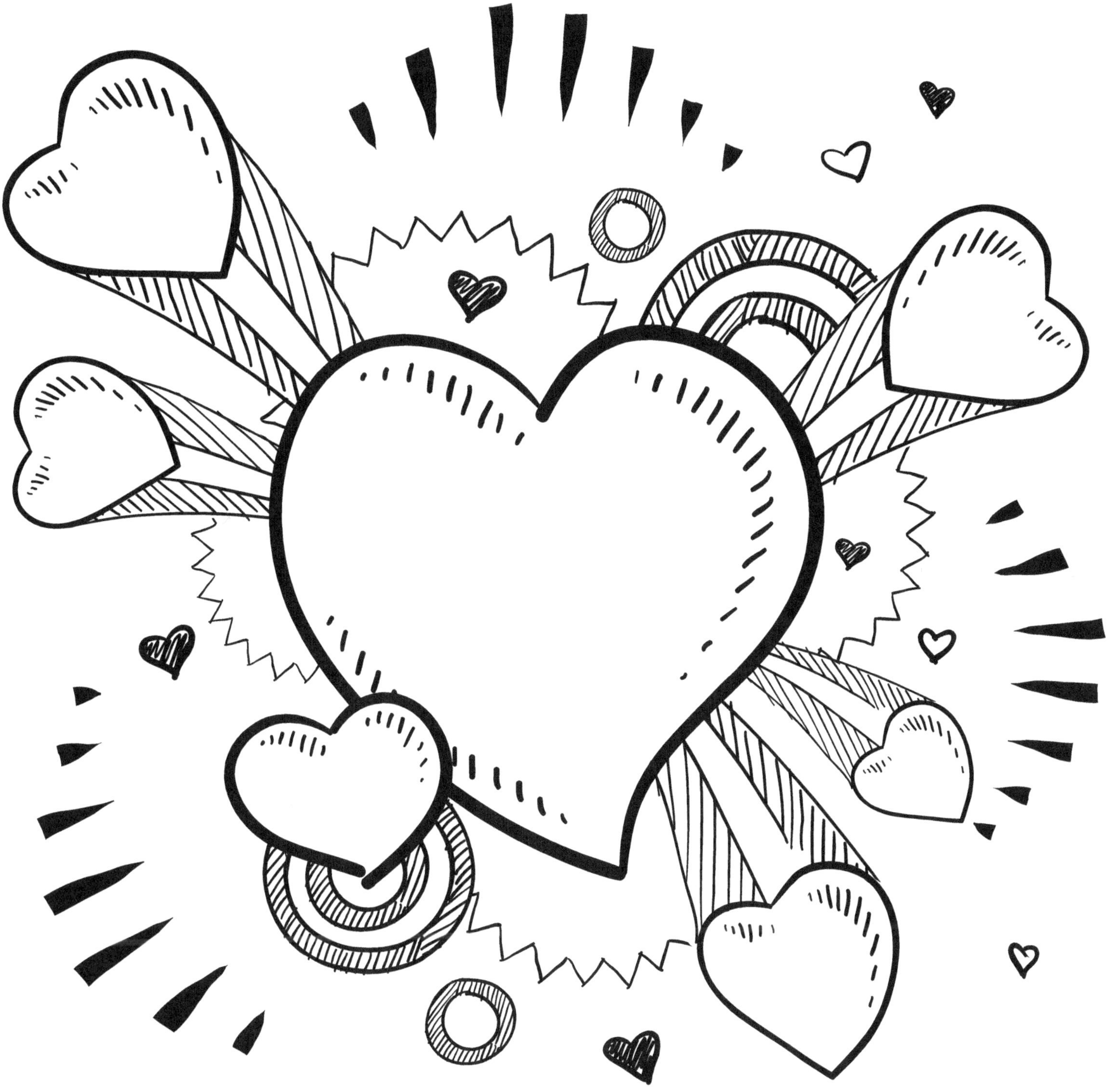

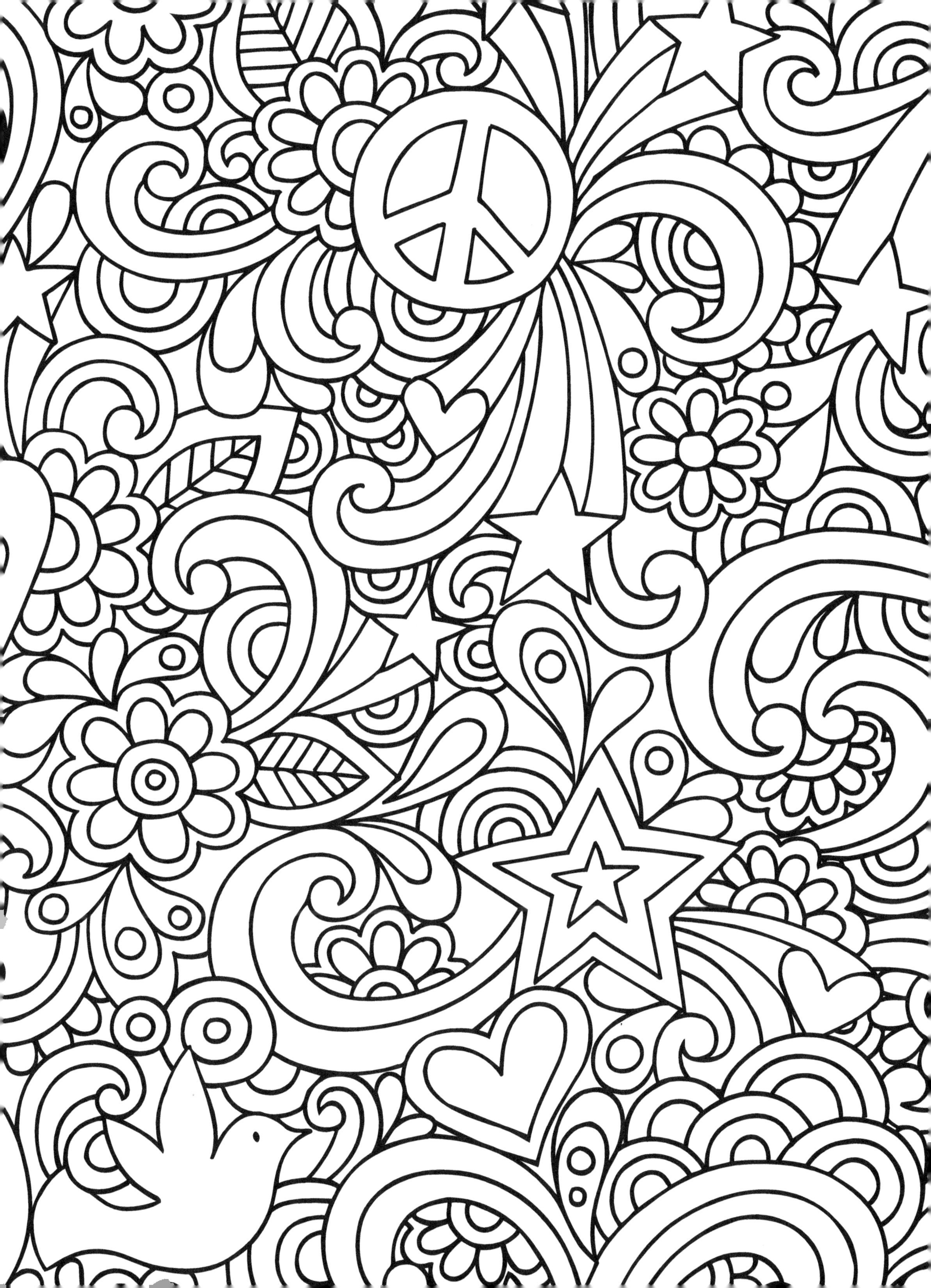

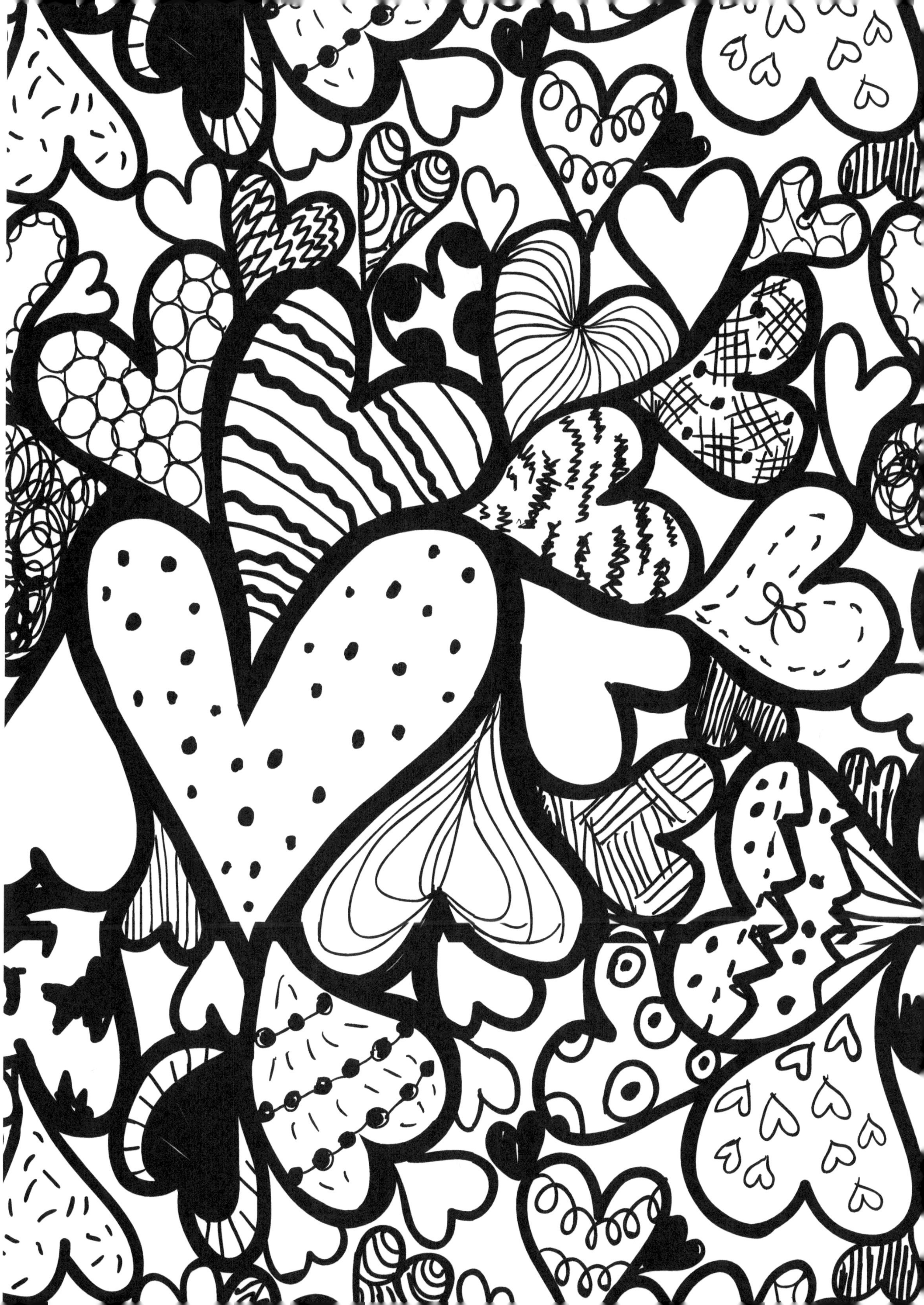

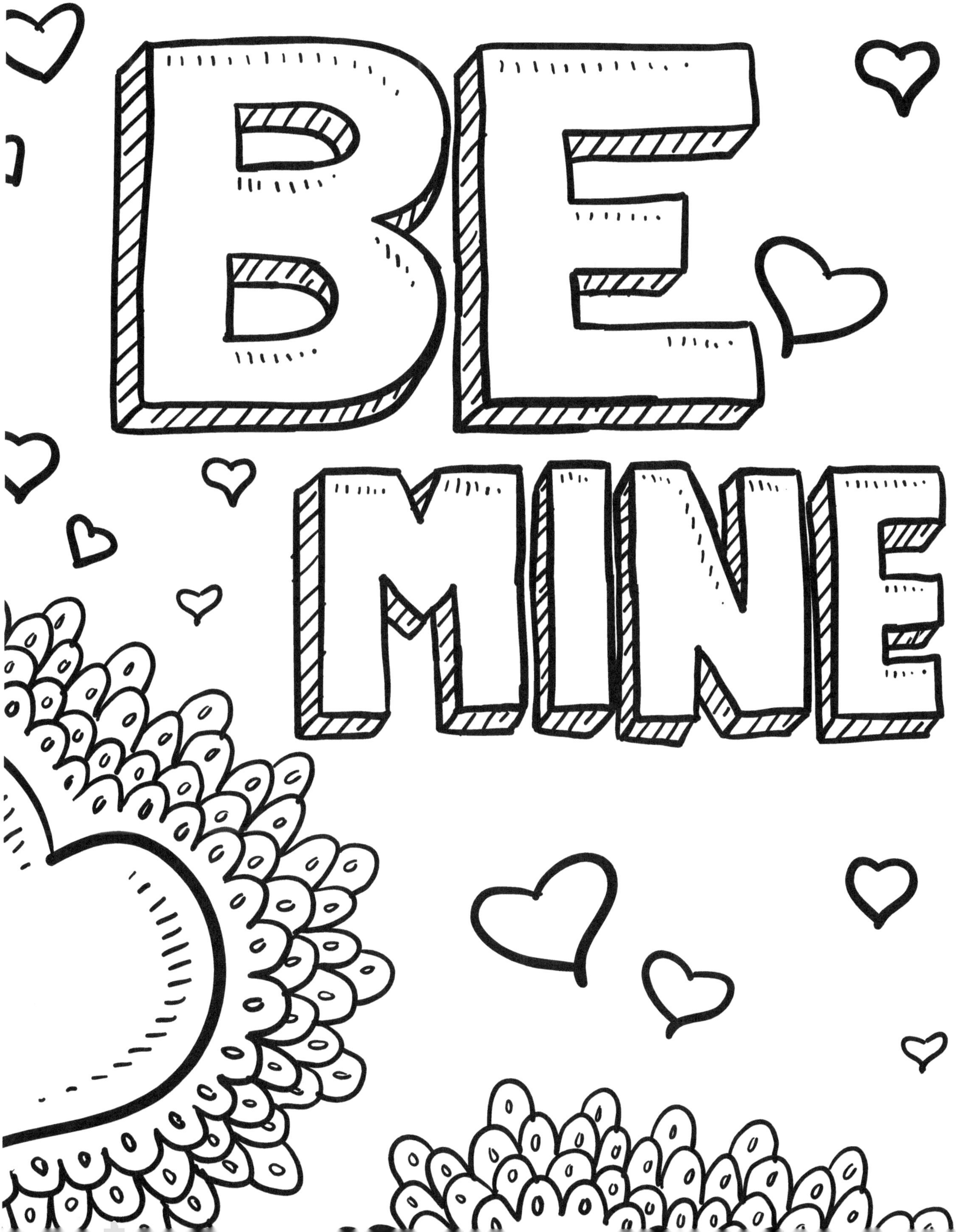
BE
MINE

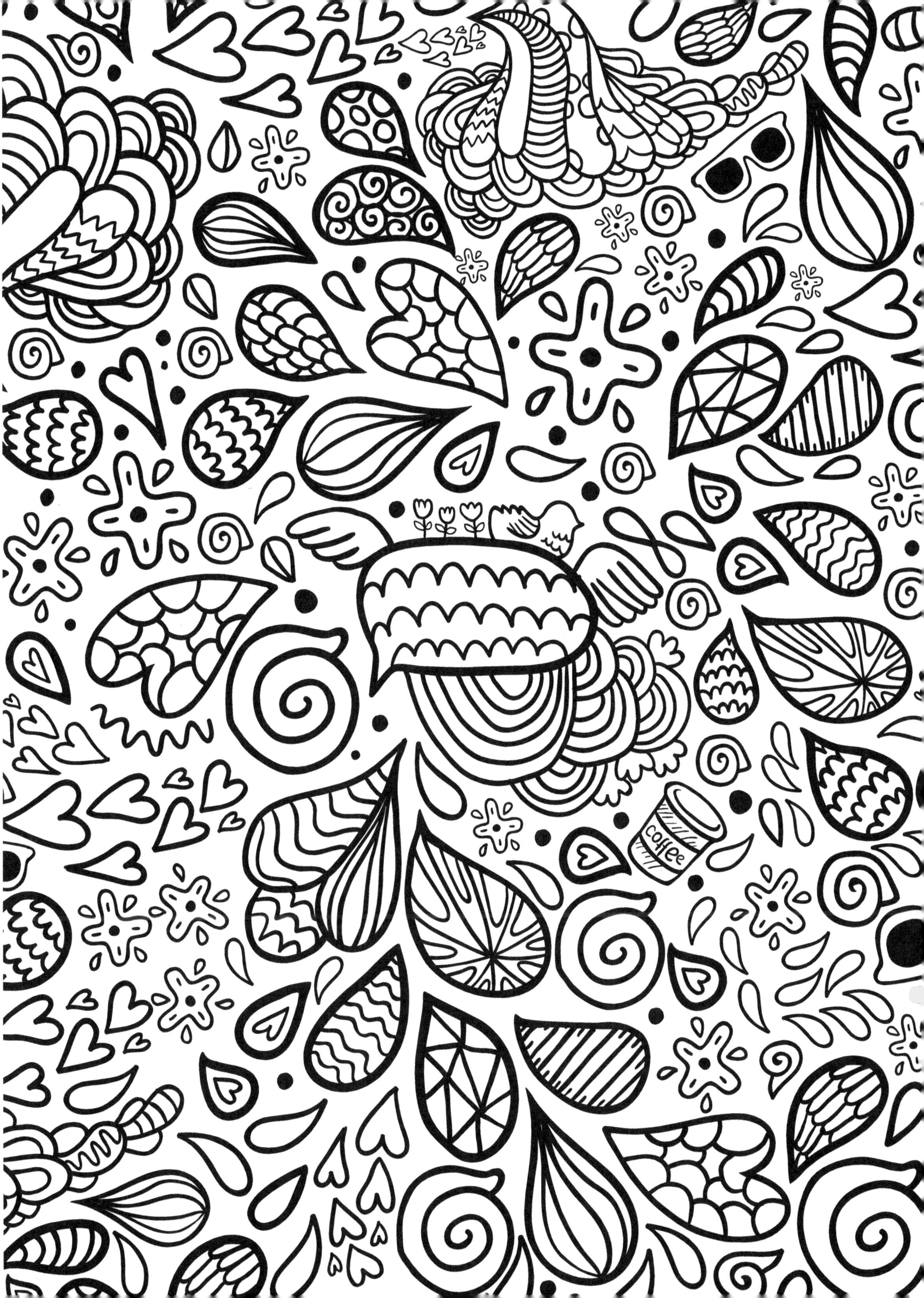
coffee

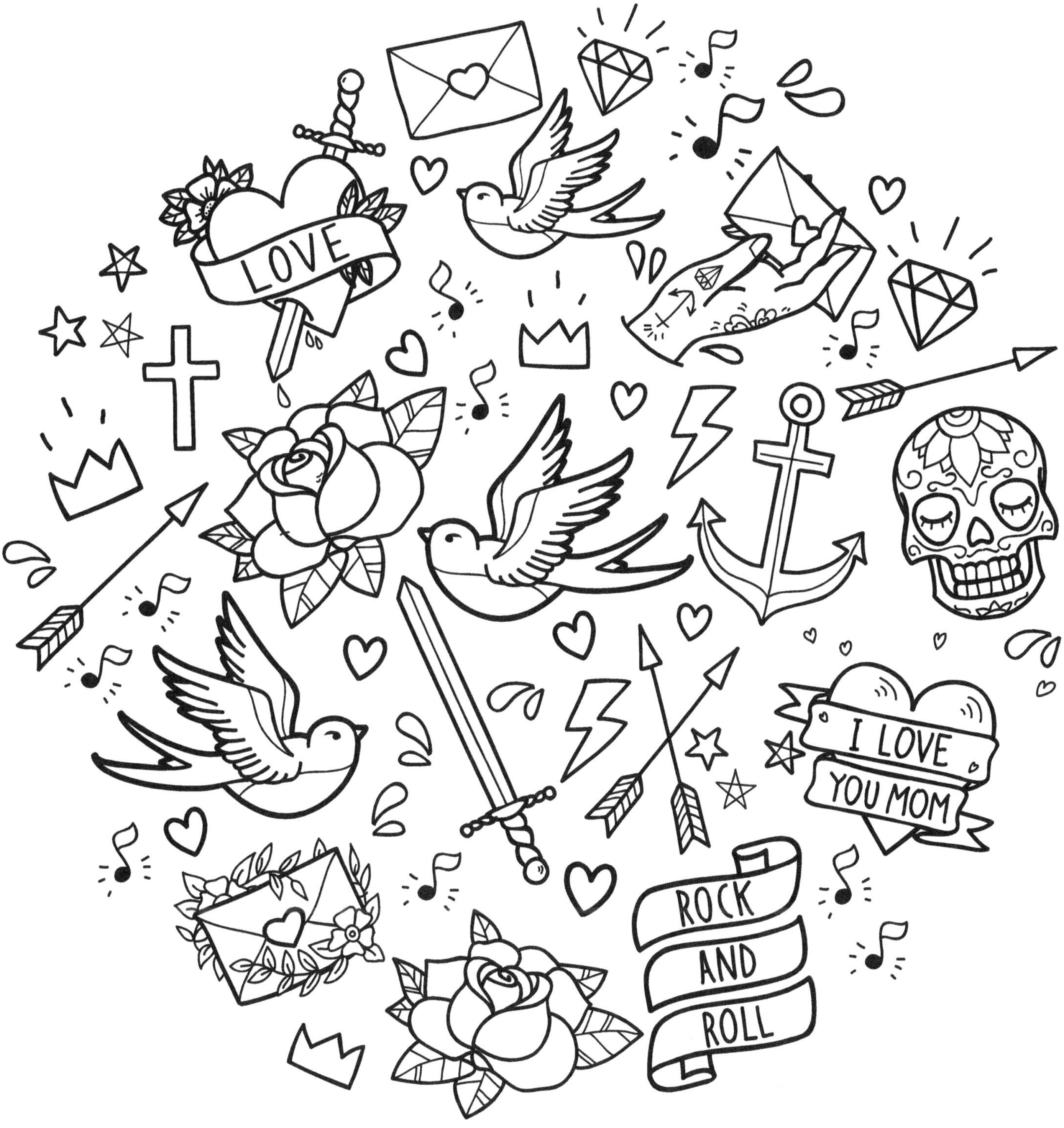
LOVE
I LOVE
YOU MOM
ROCK
AND
ROLL

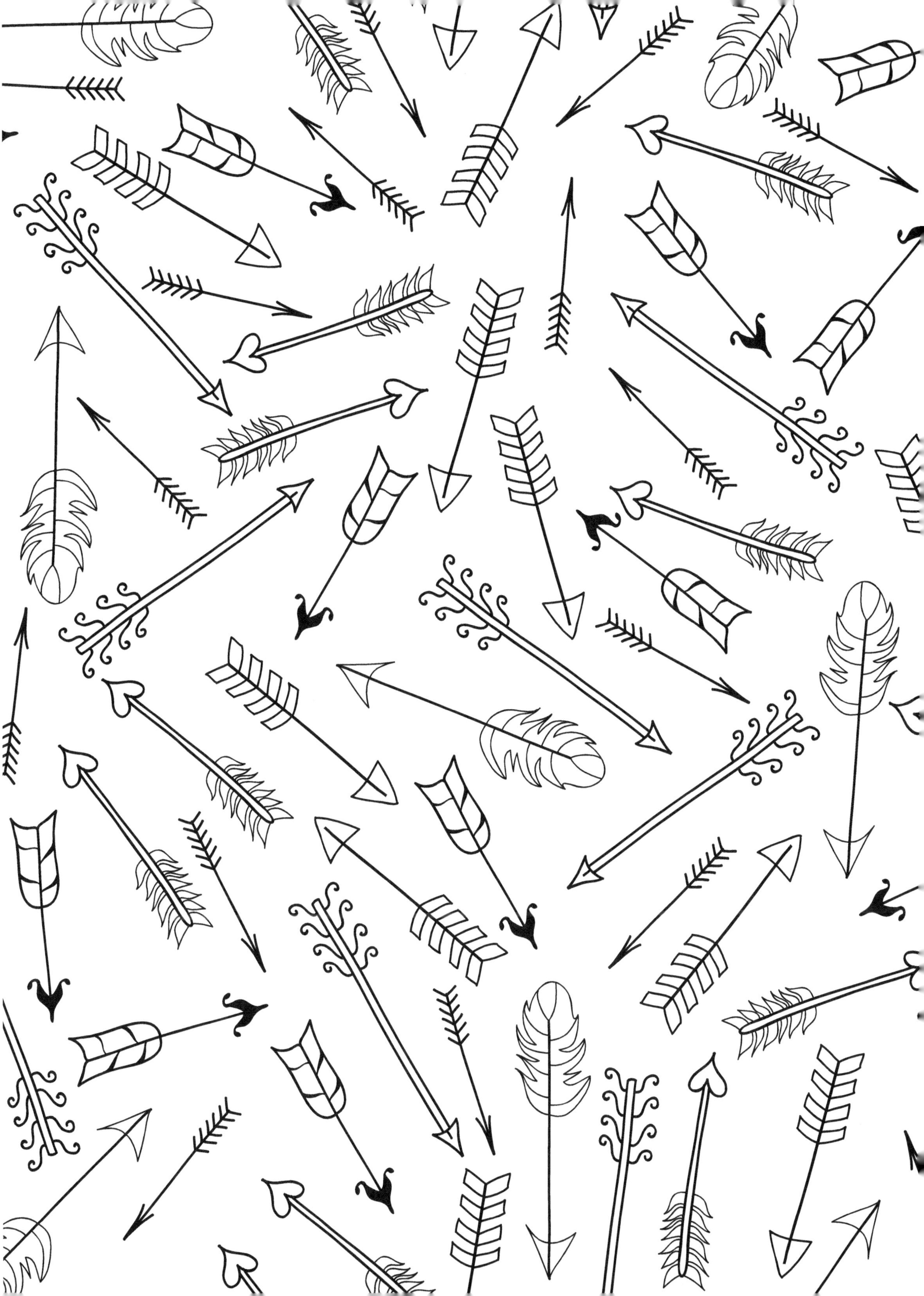

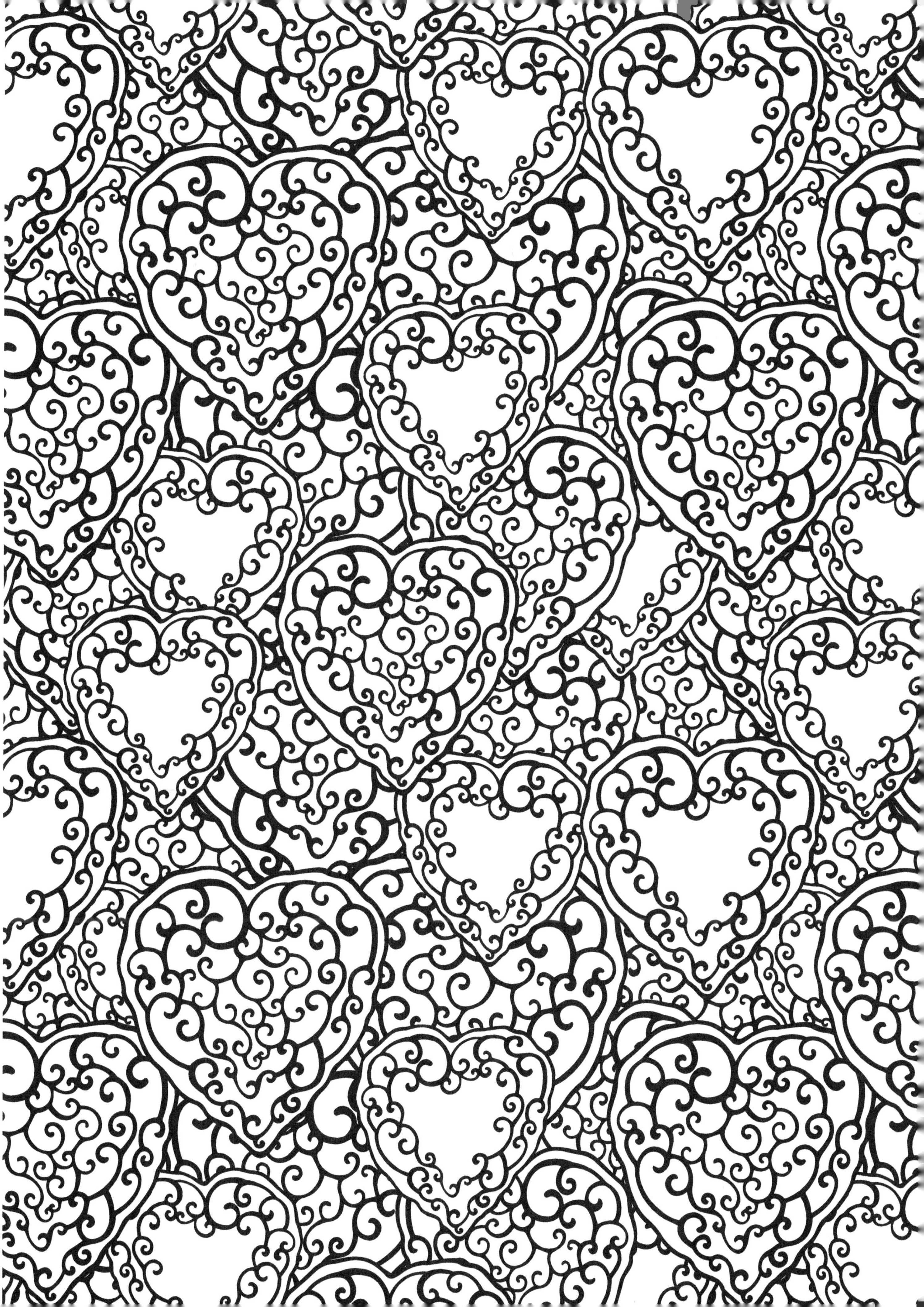

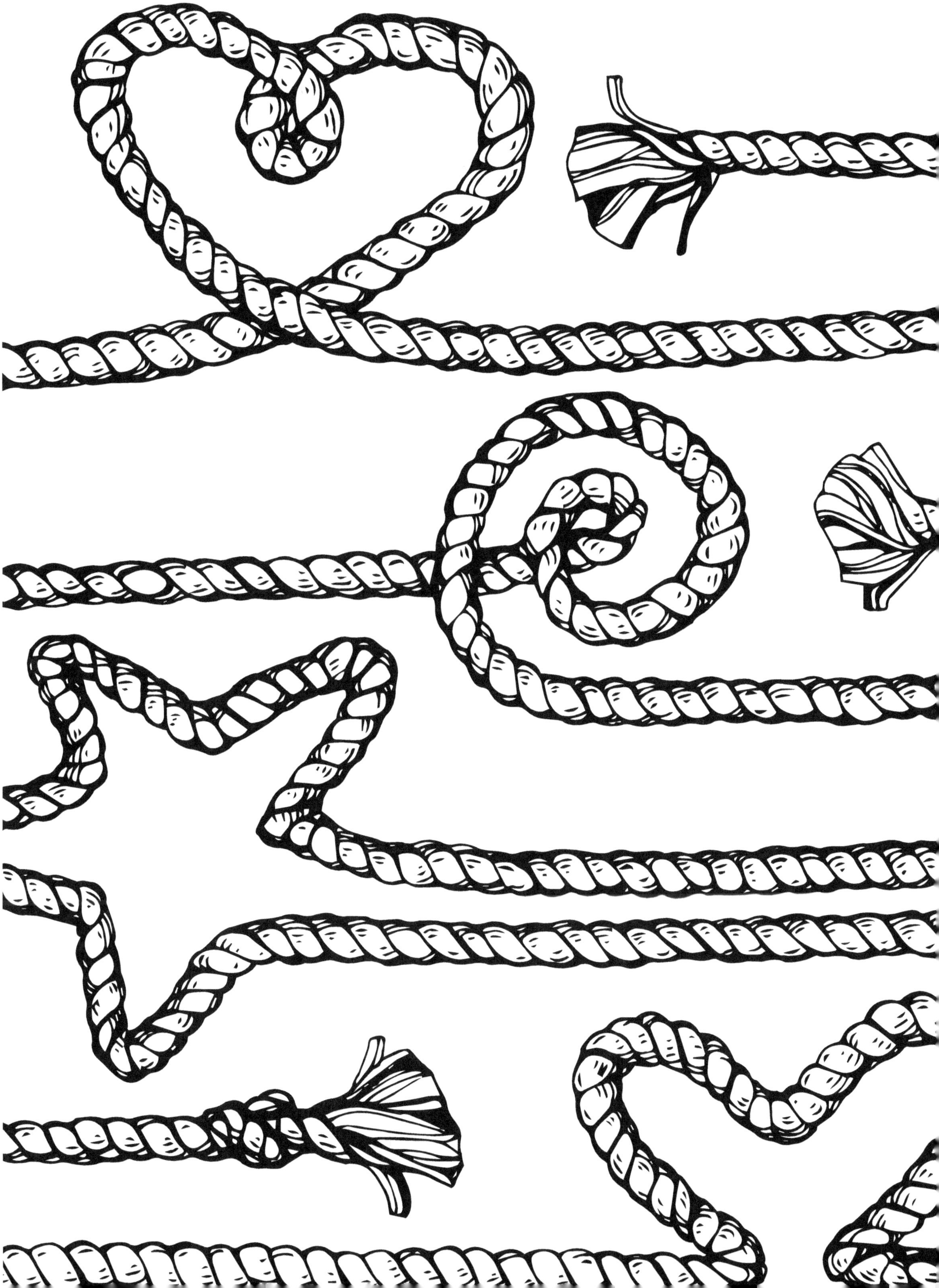

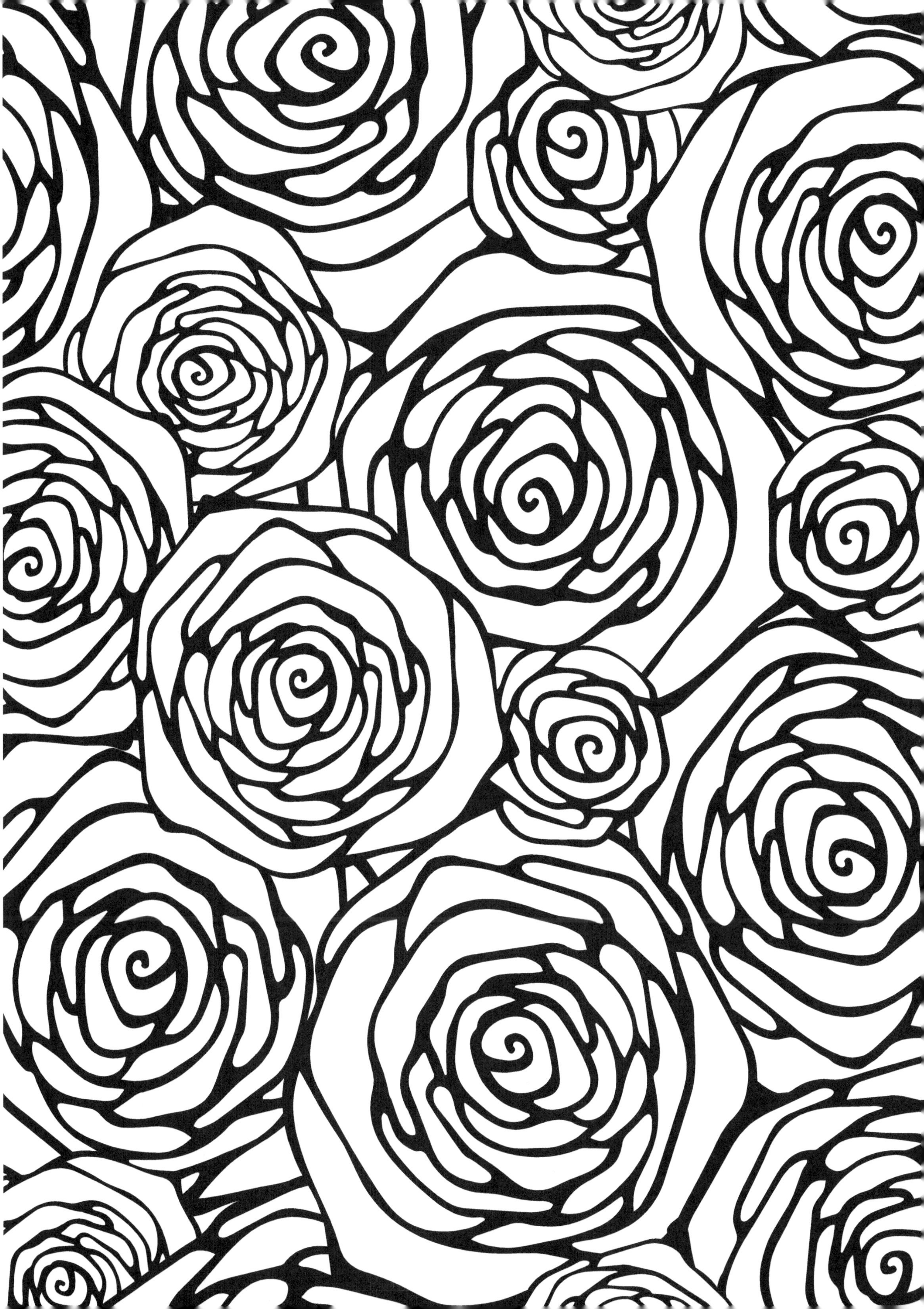

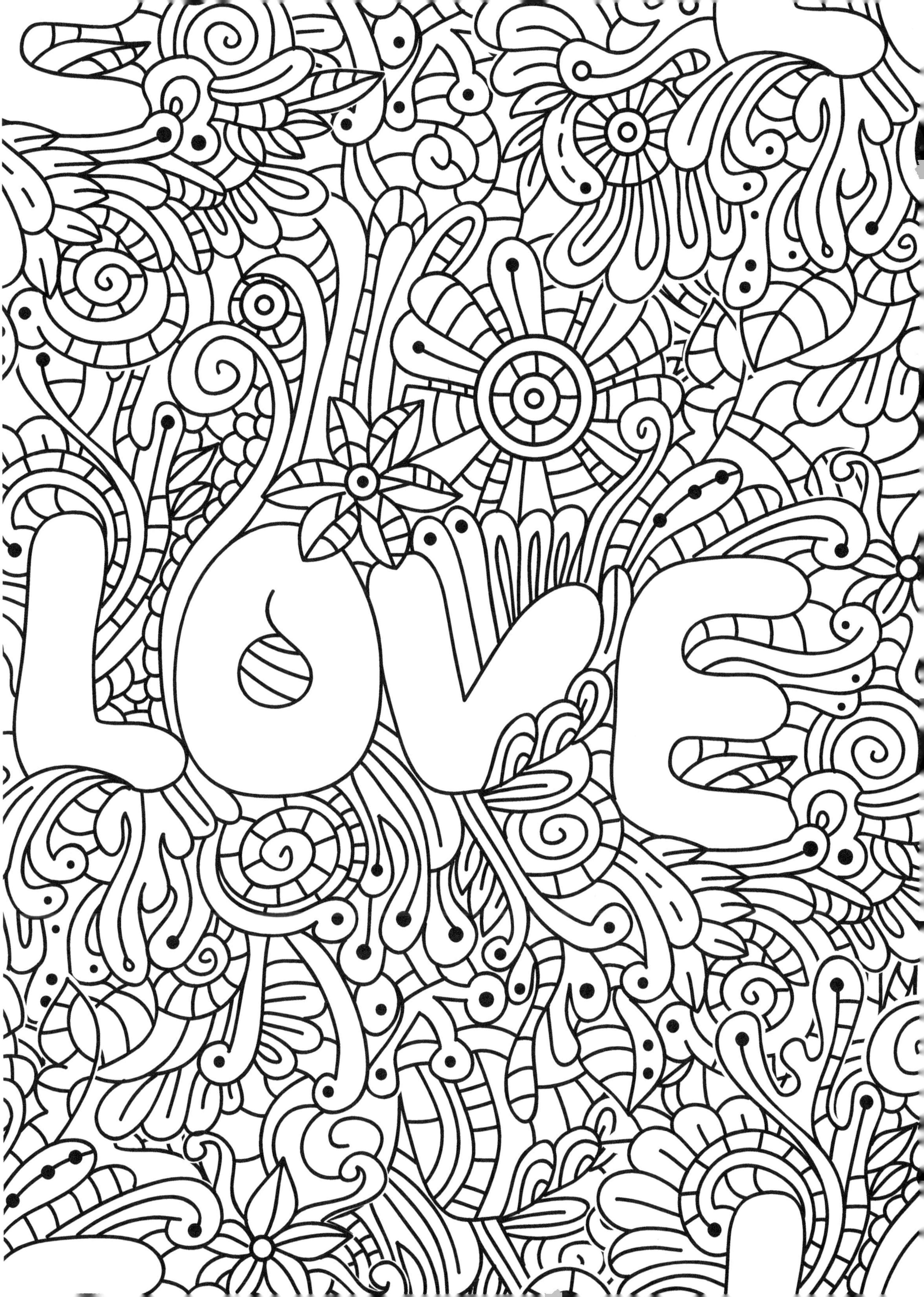
LOVE

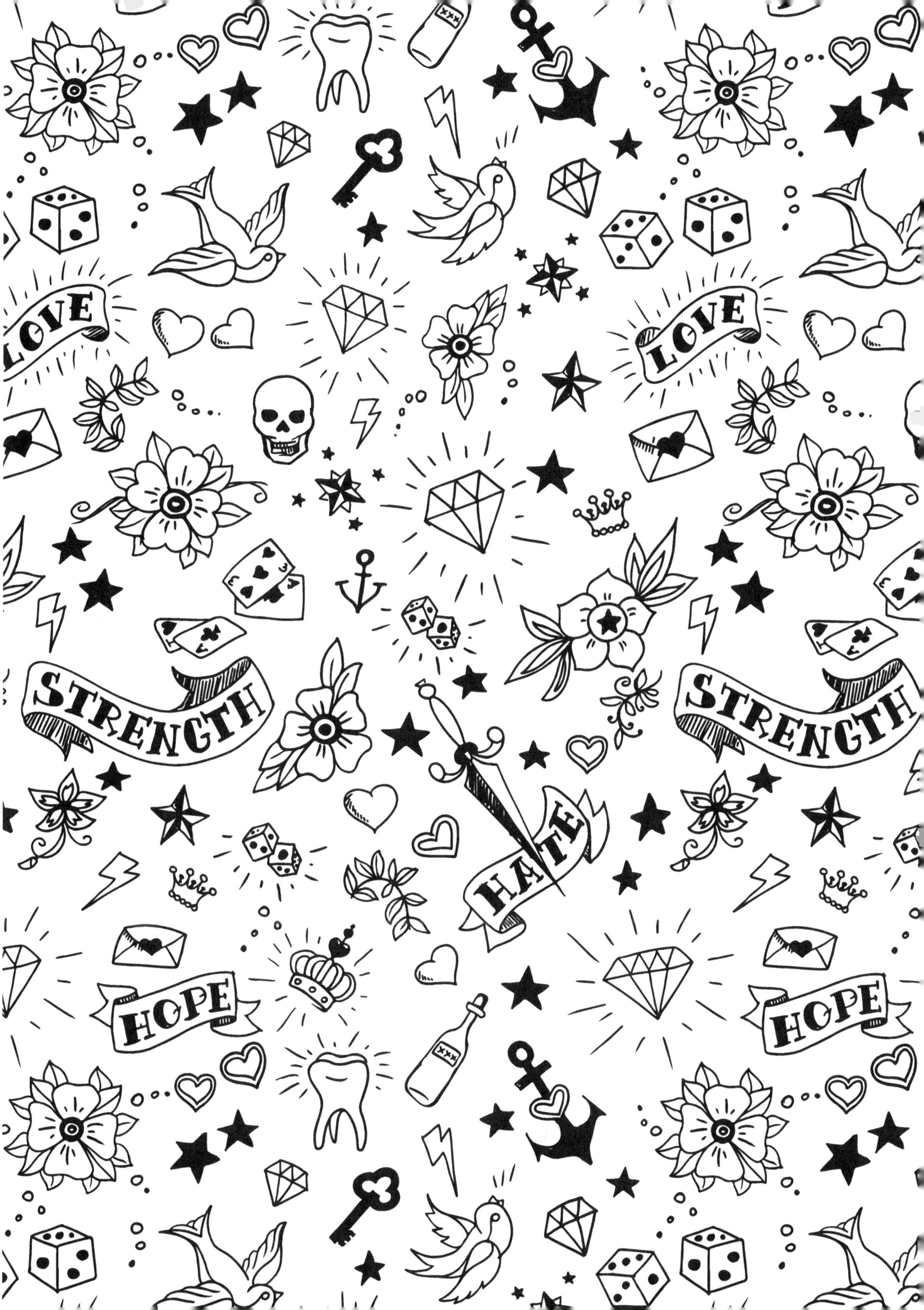
LOVE
LOVE
STRENGTH
STRENGTH
HATE
HOPE
HOPE

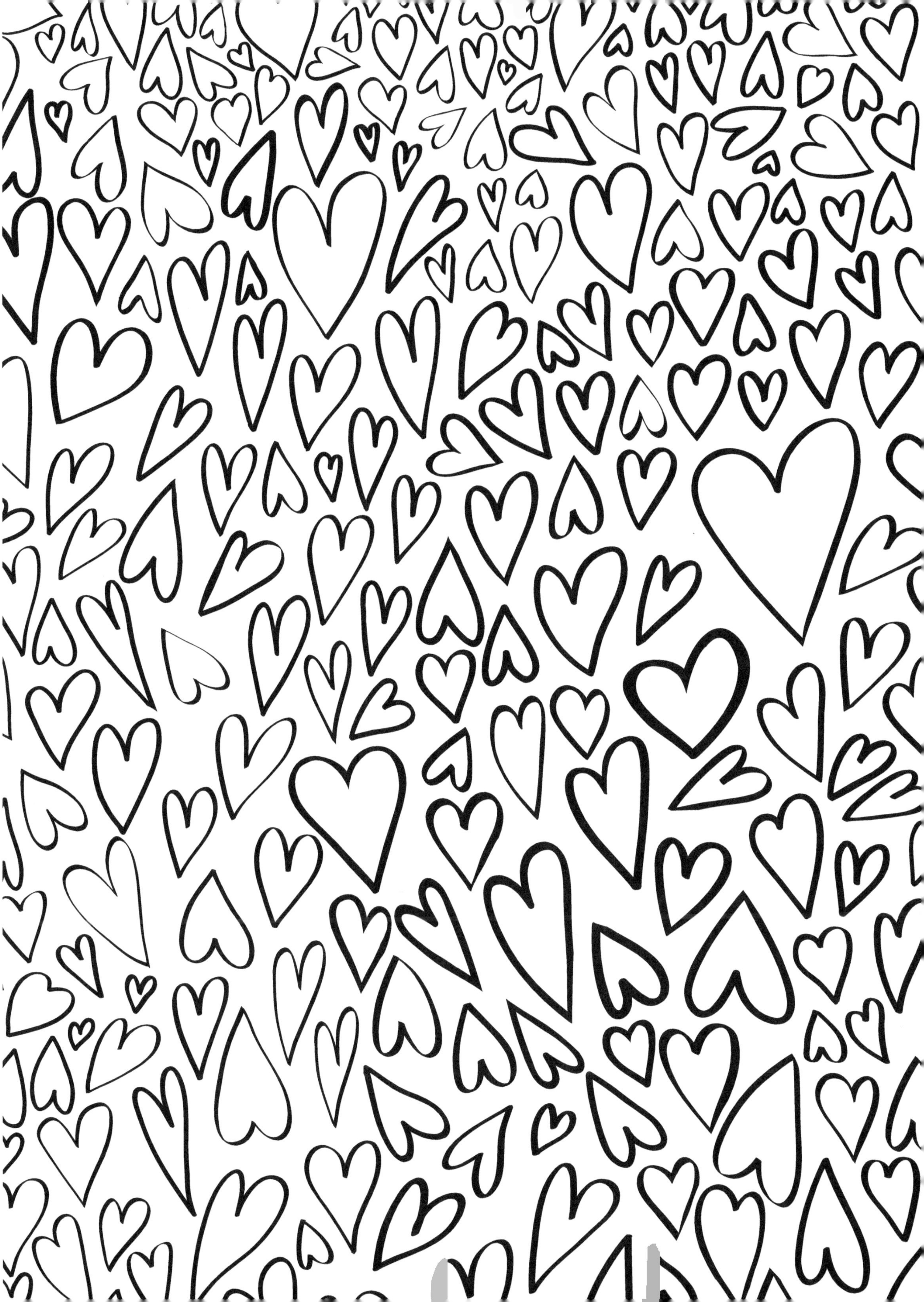

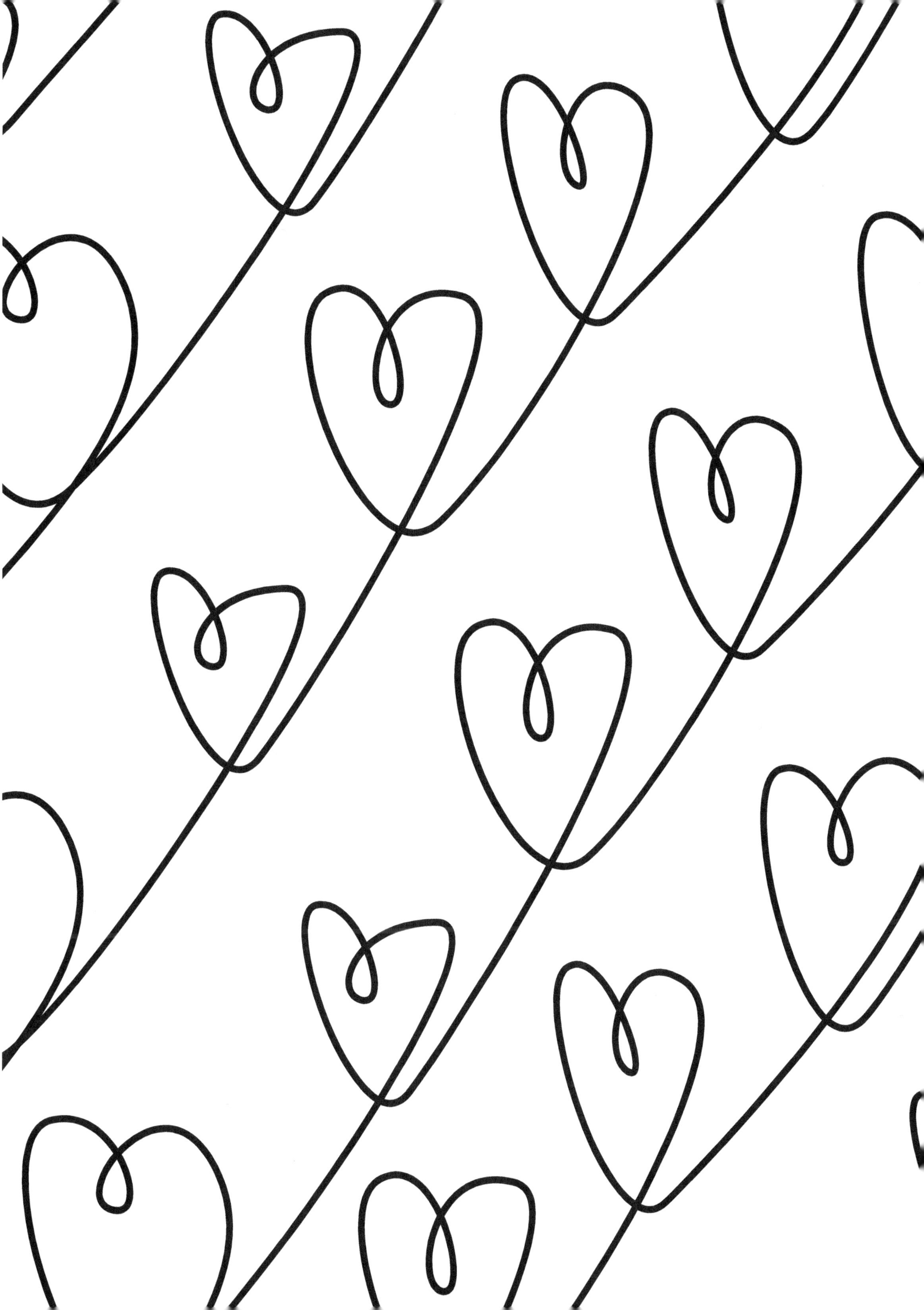

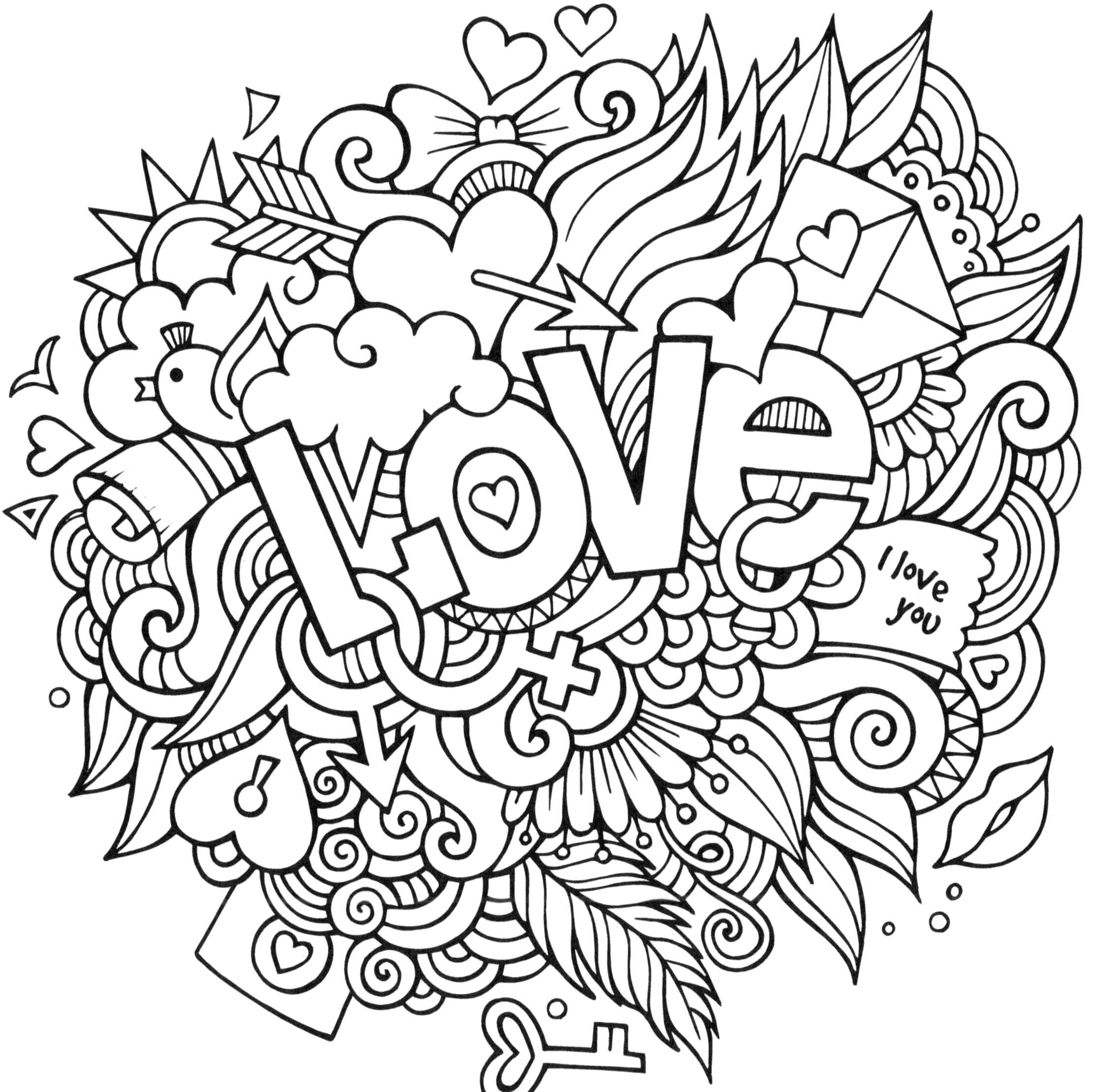
Love
I love you

hello
POST
love
INK
I
love
you
love
POST
LOVE
0.7
I LOVE YOU
HELLO
POST
hello
HELLO

14
LOVE
I LOVE YOU

love
Be mine
XO
XO

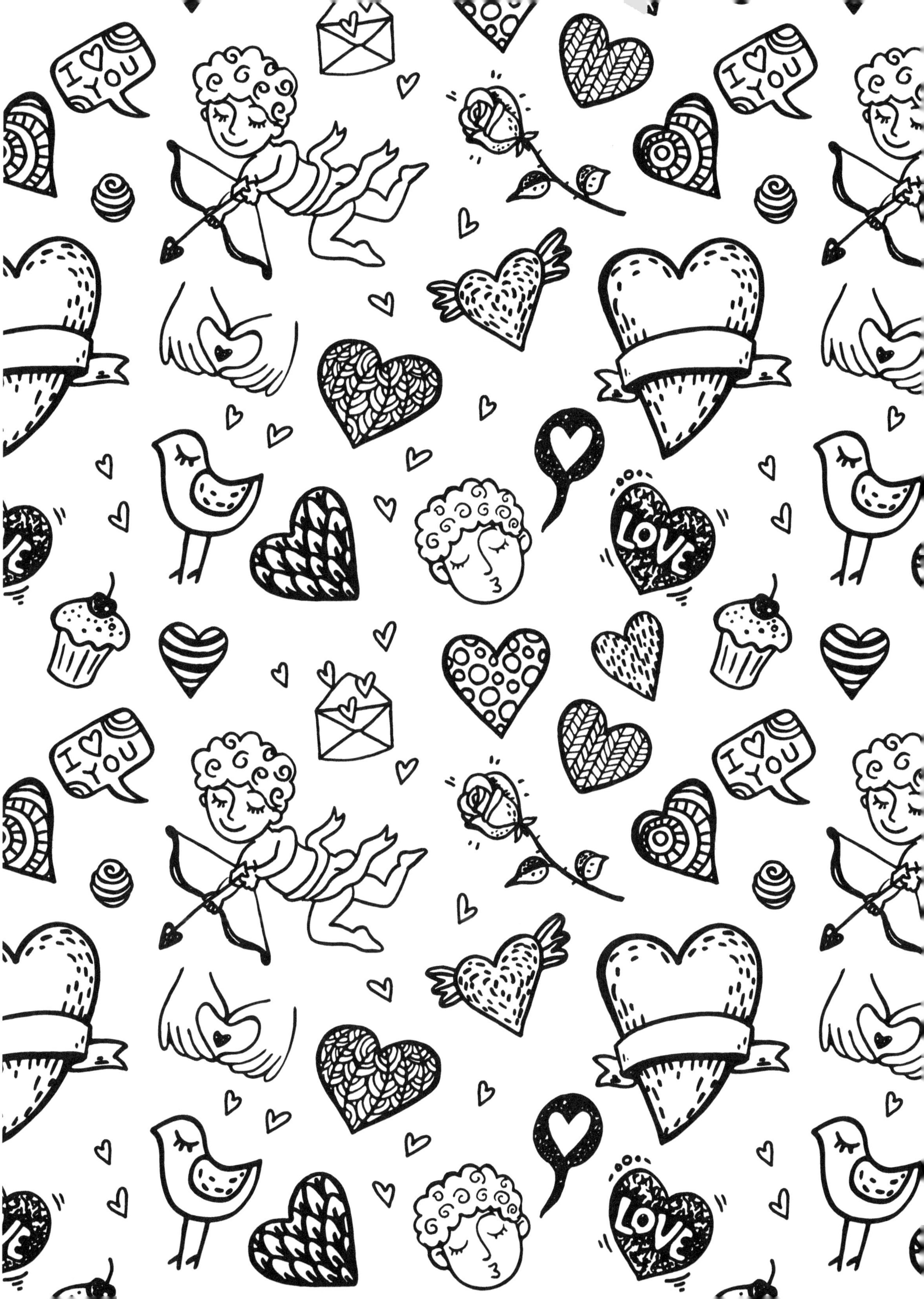
I ♥ YOU
LOVE

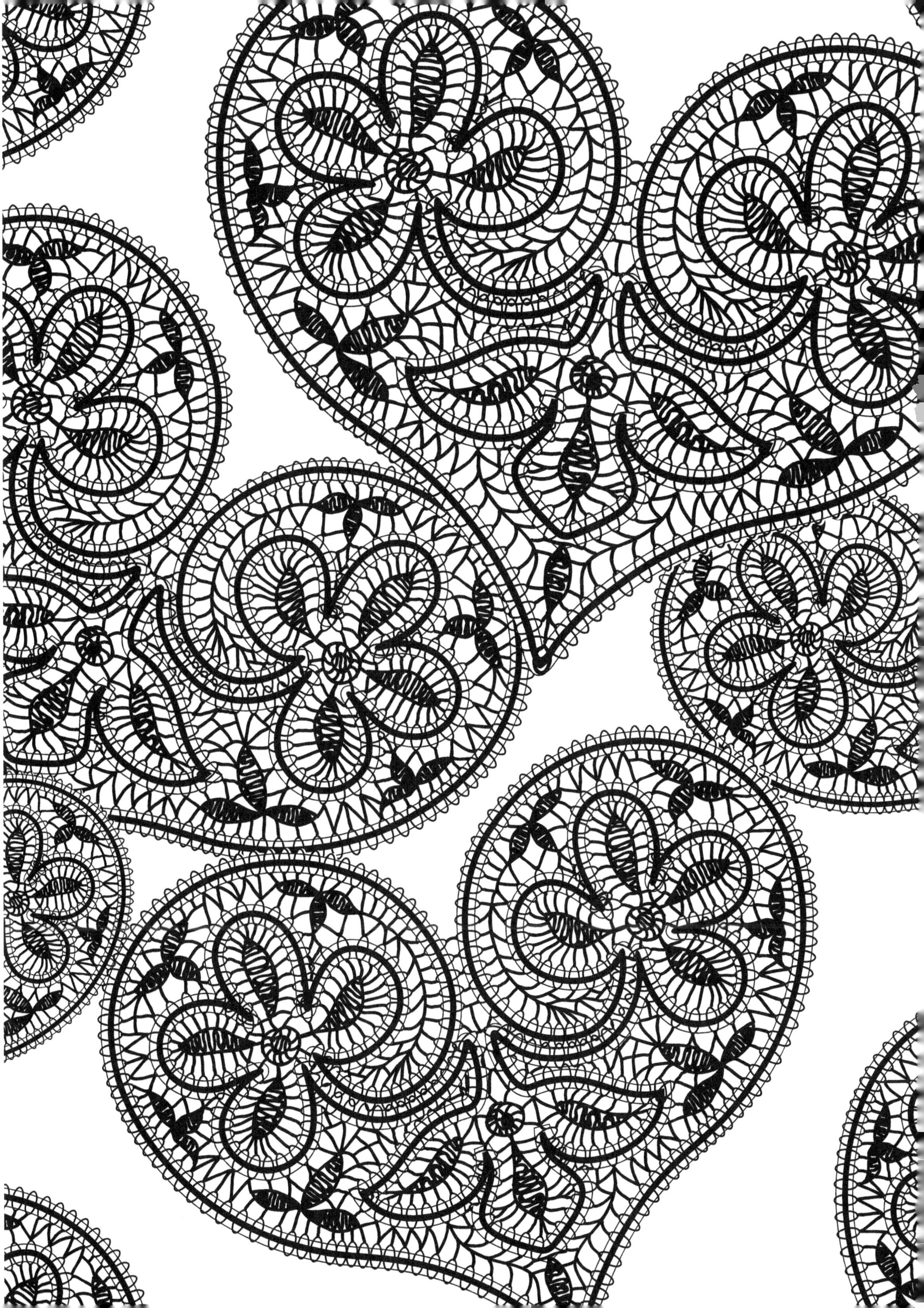

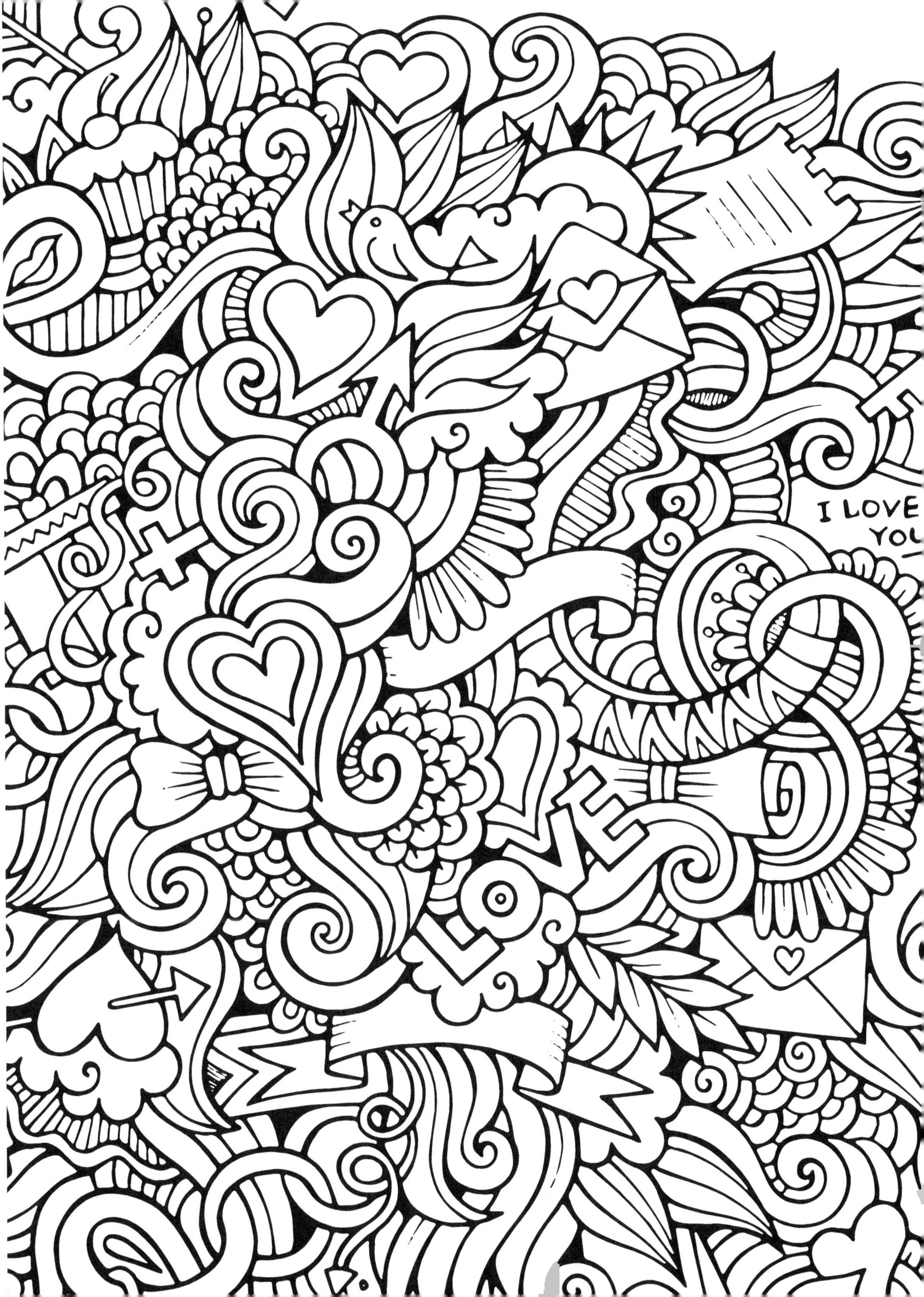
I LOVE YOU
LOVE

L·O·V·E
Valentine's Day
Day
L·O·V·E
I LOVE YOU

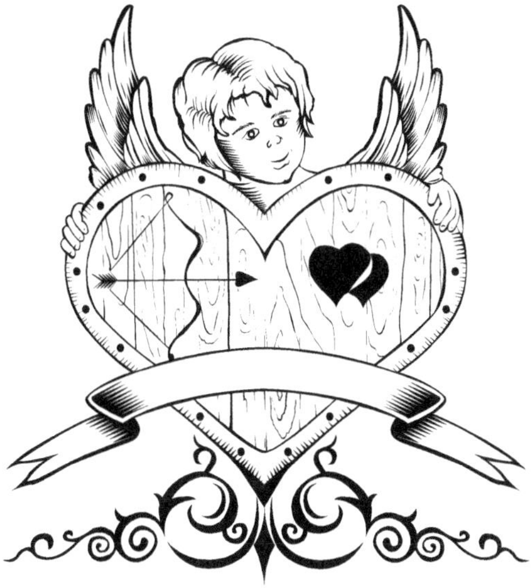

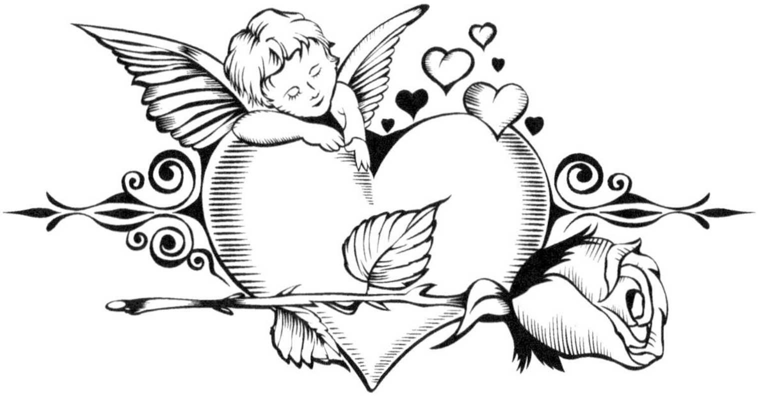

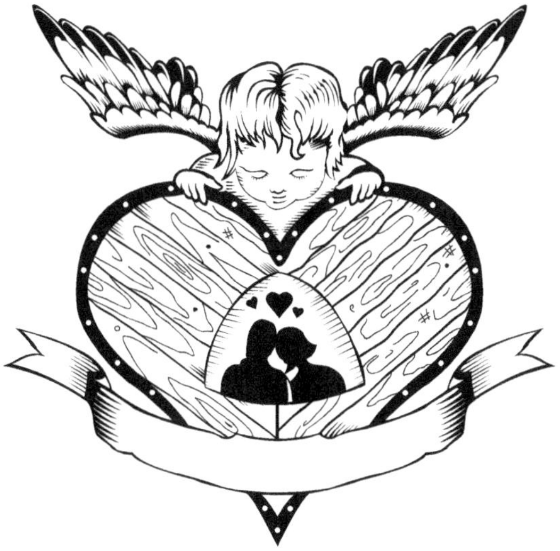

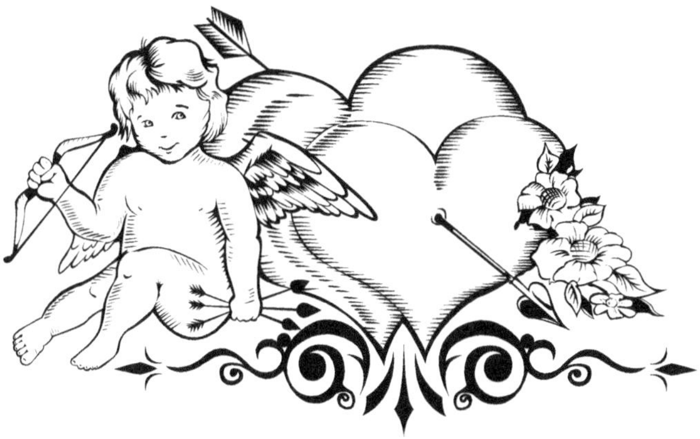

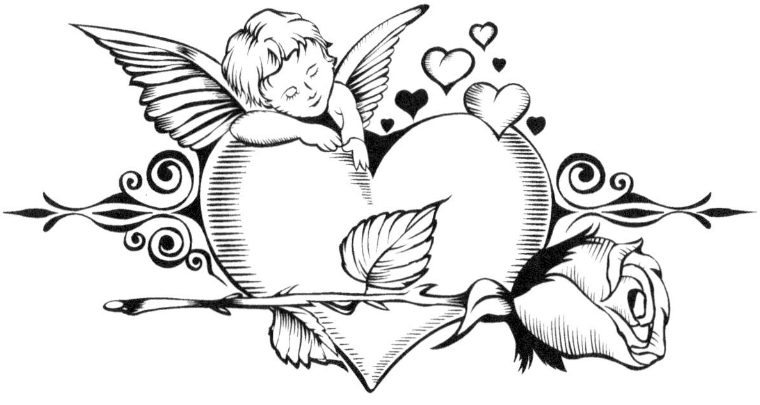

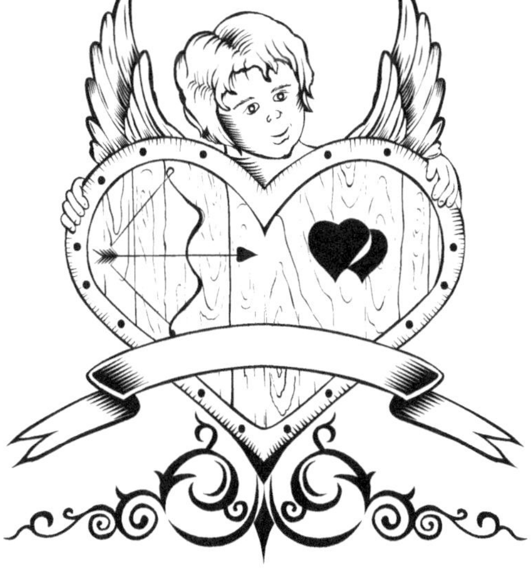

www.ingramcontent.com/pod-product-compliance
Lightning Source LLC
Chambersburg PA
CBHW062338220526
45469CB00008B/2759
* 9 7 8 1 7 8 5 9 5 0 7 3 5 *